Hallo!

In der Geschichte findest du an einigen Stellen Profifragen zum Text.

Deine Antworten kannst du mit einem Lesezeichen überprüfen. Das kannst du hinten aus dem Buch herausnehmen.

Es ist dein Lösungsschlüssel!

Aus Verantwortung für die Umwelt hat sich der Fischer Kinder- und Jugendbuch Verlag zu einer nachhaltigen Buchproduktion verpflichtet. Der bewusste Umgang mit unseren Ressourcen, der Schutz unseres Klimas und der Natur gehören zu unseren obersten Unternehmenszielen.

Gemeinsam mit unseren Partnern und Lieferanten setzen wir uns für eine klimaneutrale Buchproduktion ein, die den Erwerb von Klimazertifikaten zur Kompensation des CO_2-Ausstoßes einschließt.

Weitere Informationen finden Sie unter: www.klimaneutralerverlag.de

Weitere Informationen zum Kinder- und Jugendbuchprogramm der S. Fischer Verlage finden Sie unter: www.fischerverlage.de

FSC www.fsc.org MIX Papier aus verantwortungsvollen Quellen FSC® C043106

2. Auflage 2022

Erschienen bei FISCHER Duden Kinderbuch

Fachberatung: Ulrike Holzwarth-Raether
Gestaltungskonzept und Layout:
Farnschläder & Mahlstedt, Hamburg
Umschlagkonzept: Frauke Schneider, Wittighausen
Umschlaglayout: Mischa Acker, Brühl

Druck und Bindung:
Grafisches Centrum Cuno GmbH & Co. KG, Calbe
Printed in Germany
ISBN 978-3-7373-3471-6

Leseprofi

Diamantenklau im Hafen

Ein Katzenkrimi

Fabian Lenk

mit Bildern von Julia Ginsbach

FISCHER Duden Kinderbuch

Inhalt

1. Die freche Ratte Ringo

Kater Leon und sein Freund Bobby kommen vom Fischmarkt.
Dort haben sich die schlauen Kater die Bäuche vollgeschlagen.
Es war tierisch lecker!
Doch jetzt müssen Leon und Bobby wieder zur Arbeit …

Die beiden laufen
zu einem großen alten
Segelschiff.
Früher befuhr es alle Meere.
Im Süden. Im Norden.
Im Osten. Und im Westen.
Einfach überall auf der
ganzen weiten Welt.

Heute ist das Schiff ein Museum.
Die Besucher können
die Hängematten
der Matrosen anschauen.
Oder alte Seekarten,
dicke Kanonenkugeln,
ein kaputtes Fernglas,
den Käfig des Papageis,
ein morsches Holzbein
oder die Pfeife des Kapitäns.

Auf dem Schiff
werden aber auch Dinge gezeigt,
die das Schiff einst geladen hatte:
edle Stoffe,
seltene Gewürze
und feines Porzellan.
Sogar ein wertvoller Diamant
ist an Bord zu sehen!
Er liegt in einem kleinen Glaskasten
auf einem Tisch.
Ein echter Schatz!

Leon und Bobby dürfen
auf dem Schiff wohnen,
weil sie die Mäuse verjagen.
Die machen immer nur Quatsch
und knabbern gerne etwas an.
Die Seekarten zum Beispiel
oder das alte Holzbein.

Um kurz vor sechs Uhr
springen Leon und Bobby an Deck.
Gleich schließt die Ausstellung.
Einige Besucher gehen bereits.
Ach, du Schreck!
Wer kommt denn da angeflitzt?
„Och nö! Ringo und seine Bande!“,
mault Leon.

Leon und Bobby
mögen die Ratten nicht.
Und die Ratten können
die Kater nicht leiden.
Ringo und seine Bande
sind laut und frech.
Aber leider auch sehr pfiffig.
Die Kater werden mit ihnen
einfach nicht fertig.

Profifrage 1

Wen können Bobby und Leon erfolgreich verjagen?

- Ratten und Mäuse
- Mäuse, aber keine Ratten
- Ratten, aber keine Mäuse

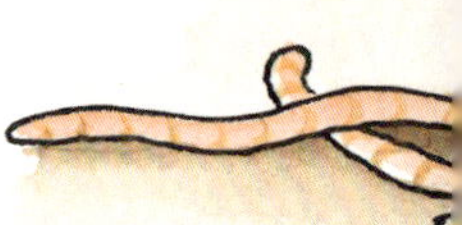

Jetzt tippeln die Ratten
an den Katzen vorbei.
„Stehen bleiben!“, ruft Leon.
Aber Ringo streckt ihm
die Zunge raus:
„Nee, wir haben es eilig!“
Dabei verliert Ringo etwas,
was er im Maul getragen hat:
einen glitzernden Ring.

Blitzschnell schnappt er den Ring
und versteckt sich
mit seinen Freunden
in einem Loch.
Dorthin können
Leon und Bobby
ihnen nicht folgen.
„Ätsch, ihr seid zu langsam!“,
rufen die Ratten aus dem Loch.
„Und zu dick!“

Da wird Bobby sauer.
Er ist doch nicht dick!
Ganz schlank ist er, oder?
„Woher hast du diesen Ring?“, will Leon von Ringo wissen.
Und Bobby meint:
„Den hat er bestimmt gemopst!“

Ringo ist empört.
Niemals würde er etwas stehlen!
„Ich habe den Ring gefunden!
Er lag im Gras auf einer Wiese.
Jemand hat ihn verloren.
Und er ist nur aus Plastik!“,
ruft er.
Damit will er jetzt sein Nest
auf dem Segelschiff schmücken.

Leon schaut Bobby an.
Bobby schaut Leon an.
Sollen sie Ringo glauben?
Hmmm ...
Am liebsten würden Leon und Bobby
die Sache genauer überprüfen.
Nur wie?
Ringo und seine Bande haben sich
ja leider in ihrem Loch verkrochen.

Jetzt streckt Ringo frech
den Kopf hervor.
Er trägt den Ring wie eine Krone!
„Tschühüs!“, ruft er noch.
Dann sind die Ratten verschwunden.
So ein Mist!
Leon und Bobby schimpfen noch
eine Weile über die frechen Ratten.
Plötzlich geht die Alarmanlage los.
Die Kater bekommen
einen furchtbaren Schreck!

2. Eine heiße Spur

Das schrille Geräusch
kommt aus der Ausstellung.
Ist etwas gestohlen worden?
Leon und Bobby sausen los.
Sie erreichen den Raum
mit dem Diamanten.
O nein!
Der kleine Glaskasten ist kaputt.
Auf dem Boden liegen die Scherben.
Und der Diamant?
Der ist weg!

Jetzt stürzen Menschen herein.
Leon und Bobby kennen die Leute.
Der Chef des Museums ist dabei,
Wärter und Kartenverkäufer.
„Wir müssen die Polizei rufen!“,
schreien sie
und zücken ihre Handys.
Für die Kater haben sie
keinen Blick übrig.

Profifrage 2

Was bedeutet das Wort „zücken“?

- etwas rasch anmachen
- etwas rasch einschalten
- etwas rasch hervorholen

„Wer war das?
Wo steckt der Schurke?“,
fragt Bobby
und fährt seine Krallen aus.
„Wir werden ihn schnappen!“,
kündigt Leon an.
Auf samtenen Pfoten schleicht er
zu dem kaputten Glaskasten.
Bobby folgt ihm.
Gründlich untersuchen
die Spürnasen den Tatort.
Ha! Schon hat Leon
etwas entdeckt!

Zwischen den Scherben
liegen Rattenköttel.
„Das ist ja höchst interessant!“,
murmelt Leon.
Bobby kugelt sich vor Lachen.
„Seit wann interessierst du dich
für Rattenköttel?“
Leon sieht ihn böse an.
„Sei nicht dumm.
Die Köttel könnten
eine heiße Spur sein!“

Jetzt begreift auch Bobby:
Die Ratten waren es!
Sonst würden dort keine Köttel liegen.
„Ringo hat den Diamanten geklaut!“
Leon nickt. Das glaubt er auch.
Schließlich liebt Ringo
Glitzerschmuck.
Was wäre da schöner
als ein echter Diamant?
Leon meint:
„Bestimmt haben die Ratten
den Glaskasten runtergeschubst
und sind mit der Beute geflohen!“

Da stürmen Polizisten herein.
Sie sperren alles ab
und stellen viele Fragen.
Aber keiner der Menschen hat
etwas Verdächtiges beobachtet.
„Hm, keine Spur des Täters“,
sagt einer der Polizisten
nach einer Weile.
„Von wegen“, denkt Leon.
„Seht ihr denn die Köttel nicht?“

Die Polizisten schicken
alle Leute vom Schiff.
Dann gehen auch sie.
Die Polizisten wollen an Land
nach den Tätern fahnden.
„Da können die lange suchen!
Die Räuber sind doch hier“,
meint Leon zu Bobby.
Wie gut, dass wenigstens die Kater
eine heiße Spur haben!

Leon und Bobby wollen
die Ratten verhören.
Sie laufen zum nächsten Loch
und rufen Ringos Namen.
Ringo streckt neugierig
die spitze Nase heraus.
Seine Freunde sind direkt hinter ihm.
„Was ist denn los?“, fragt Ringo.
Bobby ist empört:
„Das weißt du ganz genau.
Rück sofort den Diamanten heraus!“

Doch Ringo streitet alles ab.
Bobby bleibt hartnäckig.
Er streckt die Pfote aus
und will Ringo aus dem Loch ziehen.
Die Ratte springt fix zurück
und lacht Bobby aus:
„Ätsch! Du kriegst mich nicht!“
Bobby faucht wütend.
Und Leon? Der wird nachdenklich.
Was sollen sie jetzt nur tun?

3. Zum Angriff!

Leon grübelt und grübelt.
Bobby schimpft und schimpft.
Doch plötzlich werden
Bobbys Augen groß.
Da vorn hat sich etwas bewegt!
Ein Vorhang neben der Tür …
Bobby sieht genauer hin.
Dort ragt eine Fußspitze hervor.
Ein Mensch hat sich
hinter dem Vorhang versteckt!
Bobbys Fell sträubt sich.
Er sieht aus wie eine Drahtbürste.

Bobby gibt Leon ein Zeichen.
Die beiden ziehen sich still
in eine Ecke zurück
und starren auf den Vorhang.
Jetzt tritt ein Mann dahinter hervor.
Er trägt einen kleinen Rucksack.
Ist das der Diamantendieb?
Der Mann schleicht aus dem Raum.
Die Kater verfolgen ihn.
Der Verdächtige steht da
und telefoniert.
Er bemerkt die Katzen nicht.

Profifrage 3

Wie sieht Bobby aus?

- wie eine Drahtbürste
- wie eine Haarbürste
- wie eine Klobürste

Leon und Bobby
spitzen die Ohren.
Der Mann lacht und meint:
„Alles läuft nach Plan.
Ich habe den Diamanten!“
Leon blinzelt Bobby zu.
Der Kerl ist also wirklich der Täter!
Und die Person,
mit der er gerade telefoniert,
ist bestimmt sein Komplize!

Jetzt wird alles klar:
Der Täter blieb heimlich an Bord,
als die Ausstellung schloss.
Dann raubte er den Diamanten
und versteckte sich.
Alle glauben, dass der Dieb
mit der Beute geflohen ist.
Die Polizei sucht ihn an Land.
Dabei ist der Täter
noch auf dem Schiff!

Also sind die Ratten unschuldig.
Die Köttel lagen vermutlich
rein zufällig am Tatort.
Vielleicht saß Ringo
vor dem Glaskasten
und bewunderte den Diamanten.
Und dabei passierte es …

Der Dieb telefoniert weiter und sagt:
„Komm mit deinem Boot hierher
und hol mich ab.“
Aha, so will der Schurke entkommen!
Leon wird unruhig.
Was sollen sie nur tun?

„Wir müssen etwas unternehmen!“, wispert Leon seinem Freund zu.
Bobby nickt begeistert.
Gute Idee, nur was?
Leon schaut Bobby hilflos an.
Er hat keine Ahnung.
Und Bobby?
Der hat auch keine Ahnung.
Aber Bobby hat Mut.
„Zum Angriff!“, maunzt er.
Dann stürzt er sich fauchend auf den Diamantendieb.

Bobby krallt sich
in den Rücken des Mannes.
Zack, ein feiner Pfotenhieb!
Wusch, ein hübscher Kratzer!
Der Mann brüllt auf
und schlägt um sich.
Aber Bobby lässt nicht locker.
Der Dieb kann
den kräftigen Kater
nicht abschütteln.

Jetzt greift auch Leon ein.
Er macht einen weiten Sprung
und landet am Bein des Diebes.
Krallen ausfahren, bremsen!
Stoff reißt.
Wieder kreischt der Täter.
„Aua, aua, aua!“
Das ist Musik in Leons Ohren!

Profifrage 4

Was zerreißt Leon?

- die Socken des Diebes
- die Jacke des Diebes
- das Hosenbein des Diebes

Der Kampf an Deck tobt.
Nun taumelt der Dieb nach hinten
und stolpert mit den Katzen
in den Ausstellungsraum.
Hier kann er Bobby im Genick packen
und von sich schleudern.
Auweia. Bobby saust durch die Luft.
Aber Bobby ist geschickt.
Gekonnt landet er auf allen vieren.

Dann gelingt es dem Täter,
auch Leon loszuwerden.
Keuchend lehnt er an einer Tür.
„Ihr blöden Viecher!“, schimpft er.
Blöde Viecher?
Leon und Bobby werden sauer.
Schon greifen sie wieder an.
Da reißt der Täter die Tür auf
und dreht sich schnell zur Seite.
Die Kater fliegen an ihm vorbei
in den Raum hinter der Tür.

Leon und Bobby wirbeln herum.
In diesem Moment
knallt der Täter die Tür zu.
Leon hängt sich an die Klinke,
um die Tür wieder zu öffnen.
Zu spät!
Der Schurke hält die Klinke fest
und dreht von außen den Schlüssel.
Dann lacht er höhnisch.

„Oje, wir sind eingeschlossen!“,
ruft Leon verzweifelt.
Bobby nickt.
Sie stecken in einer Abstellkammer.
Hier gibt es keine zweite Tür.
Auch kein Fenster.
Die Spürnasen sind gefangen.
Der Täter wird entkommen.
So eine Pleite!

4. Gefährlicher Einsatz

Doch da geht die Tür auf.
Und wer steht da?
Ringo und seine Bande!
Sie haben eine Räuberleiter gemacht
und den Schlüssel umgedreht.
„Wir haben alles beobachtet
und wollten euch helfen“,
sagt Ringo gnädig.
„Außerdem muss der
schöne Stein wieder her.
Wir müssen den Täter schnappen!“

Die überraschten Kater bedanken sich
und flitzen an Deck.
Die Ratten wuseln hinterher.
Da ist der Schurke ja noch!
Leon und Bobby gehen in Deckung
und beobachten den Täter.
Er zieht gerade eine Strickleiter
aus dem Rucksack.
Schnell befestigt der Dieb
die Strickleiter an der Reling.
Jetzt schwingt er sich darüber und
klettert auf der anderen Seite hinab.

Profifrage 5

Was braucht man für eine Räuberleiter?

- einen langen Strick
- gefaltete Hände
- viele Sprossen

Leon tänzelt über die Reling
und schaut hinab.
Tief unten neben dem Segelschiff
liegt jetzt ein kleines Boot.
Der Motor blubbert.
Eine Gestalt steht am Steuer.
Das muss der Komplize sein!
Er will den Dieb abholen.
Gleich werden die Schurken
mit der Beute verschwinden.

„Wir müssen hinterher!“,
schlägt Leon vor.
Bobby tippt sich an die Stirn.
„Bist du verrückt?
Das ist viel zu gefährlich!“
Aber Leon ist wild entschlossen
und nicht zu bremsen.
Sonst werden sie
die Täter niemals schnappen.
Todesmutig setzt Leon
eine Pfote auf die Leiter.

Da beschließt Bobby,
seinem Freund zu folgen.
Er will ja nicht feige sein.
Und die Ratten?
Die schütteln die Köpfe.
Viel zu gefährlich!
Sie schauen lieber
von oben zu.

Leon hangelt sich
an der Leiter hinunter.
Wie das schaukelt!
Aber nun gibt es kein Zurück mehr!
Leon wagt einen Blick in die Tiefe.
Unter ihm klettert der Dieb.
Und ganz tief unten
wiegt sich das Motorboot
auf den pechschwarzen Wellen.
Wenn Leon ins Wasser fällt,
ist alles zu spät …

Profifrage 6

Wie heißt es im Text?
Wenn Leon ins
Wasser fällt, ist …

- alles vorbei.
- alles aus.
- alles zu spät.

„Mach schon, schneller!
Sonst ist der Kerl weg!“,
maunzt Bobby über ihm.
Leider hat Bobby recht.
Gleich ist der Dieb im Boot!
Die Kater sind zu langsam.
Da gibt es nur eins:
Leon lässt sich fallen.
Hoffentlich landet er im Boot!
Da plumpst Leon genau
auf den Kopf des Komplizen!

Leon hält sich
an den Ohren des Mannes fest.
Der Mann schreit auf und versucht,
Leon loszuwerden.
Dabei schwankt er
und geht über Bord!
In letzter Sekunde kann
Leon abspringen.

Der Dieb beugt sich
über den Bootsrand.
Er will seinen Komplizen
aus dem Wasser ziehen.
Da springt Bobby heran
und verpasst ihm
einen hübschen Hieb
quer über den Hintern.
Die Ratten klatschen begeistert.

Voller Wut dreht sich der Dieb um
und beginnt die Katzen zu jagen.
„Und was ist mit mir?“,
kreischt sein Komplize im Wasser.
Der Dieb beachtet ihn nicht.
Er will Leon und Bobby erwischen!
Aber die Kater sind
viel zu flink für den Dieb.
Der stolpert über eine Taurolle,
haut sich den Kopf an
und geht bewusstlos zu Boden.
Sein Komplize schwimmt zum Ufer.

Profifrage 7

Welches Wort
steckt in „Taurolle“?

- der Tau
- das Tau
- die Tau

Leon und Bobby öffnen den Rucksack.
Da ist der Diamant!
„Hurra“, ruft Leon.
Auch Bobby strahlt.
Wieder gibt es Rattenapplaus.
Jetzt springt Leon zum Steuer.
Er will Lärm machen,
damit die Polizei kommt.
Irgendwo wird doch eine Hupe sein.
Leon fummelt mit den Pfoten
an Schaltern und Hebeln.

Leider erwischt Leon
den falschen Hebel.
Das Boot fährt los!
Es jagt im Zickzack übers Wasser!
„Hilfe!“, rufen die Kater.
Bobby hängt sich ans Steuer
und versucht zu lenken.
Leon drückt hektisch
noch ein paar Knöpfe.
Endlich trifft er die Hupe!

Jetzt kommt ein großer Tanker
direkt auf ihr kleines Boot zu!
Bobby kurbelt wie verrückt
am Steuer.
In letzter Sekunde können sie
dem Tanker ausweichen.
Dann erwischt Leon
den richtigen Schalter.
Der Motor geht aus.
Endlich!

Da taucht ein anderes Schiff auf.
Ein Polizeiboot! Was für ein Glück!
Leon hupt und hupt,
bis das Polizeiboot sich nähert.
Die Polizisten kommen an Bord
und entdecken die beiden Katzen,
den Dieb und den Diamanten.
„Das ist doch der Diamant,
der heute gestohlen wurde!“,
ruft einer der Polizisten.

Der Täter kommt wieder zu sich
und die Polizisten verhören ihn.
Der Mann gibt die Tat zu.
„Ohne die Katzen wären wir
längst weg!“, schimpft er noch.
„Die Biester haben
unsere Flucht verhindert!“

Profifrage 8

Wo in dieser Geschichte sind die Kater auf die richtige Spur gekommen?

- auf Seite 17
- auf Seite 24
- auf Seite 30

Das Boot der Täter wird
in den Hafen geschleppt.
Der Dieb kommt in Haft
und verrät, wo sein Komplize wohnt.
Jetzt wird auch dieser Mann gefasst.
Dann fahren die Polizisten
mit Leon und Bobby zum Museumsschiff.
Der Leiter bekommt
den Diamanten zurück.
Er ist überglücklich!

Und Bobby und Leon?
Die sind auch glücklich!
Denn sie bekommen als Belohnung
eine riesengroße Portion Fisch.
Als die Menschen wieder weg sind,
teilen die Spürnasen die Belohnung.
Mit wem?
Ist doch wohl klar:
mit Ringo und seiner Bande!

Für Vollprofis

Jetzt ist die Geschichte zu Ende.
Hier geht's mit Rätseln für Vollprofis weiter!
Die Lösungen findest du auf der Rückseite.

1. Welche Leitern sind gar keine?

- ♥ Holzleiter
- ◗ Chorleiter
- ● Blitzableiter
- ▮ Strickleiter
- ▼ Tonleiter
- ♦ Räuberleiter
- ◖ Klappleiter
- ♥ Stehleiter
- ▲ Feuerwehrleiter

2. Findest du die Nagetiere heraus?

Maus | Hamster | Eichhörnchen | Ratte | Katze | Igel | Hund | Schnecke

Für Vollprofis

3. Lauter Krimiwörter! Findest du sie heraus? Fülle das Rätsel in Großbuchstaben aus!

- ♥ etwas, das jemand geraubt hat
- ◗ Mittäter
- ▼ sorgt für Sicherheit und Ordnung
- ▮ jemand polizeilich befragen
- ♦ Ort, an dem eine Tat begangen wird
- ● festnehmen

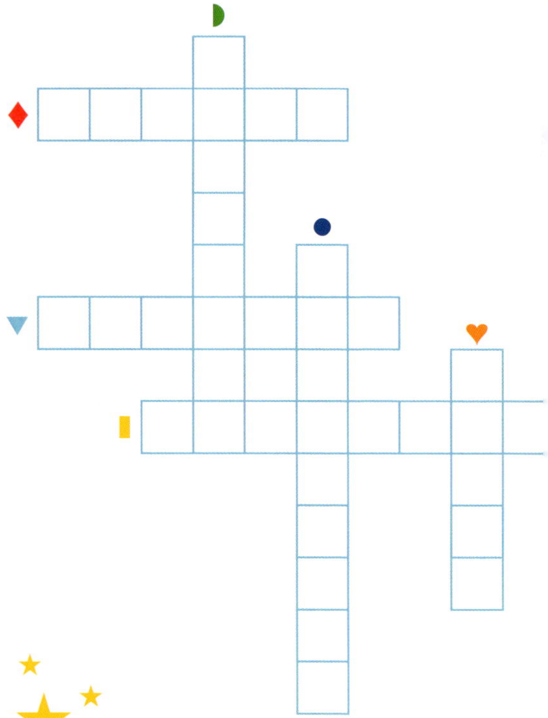

Herzlichen Glückwunsch!

Geschafft. Jetzt bist du ein echter Leseprofi! Noch mehr spannende Bücher findest du unter www.duden-leseprofi.de

Lösungen

1. ◗; ●; ▼
2. Maus, Eichhörnchen, Ratte, Hamster
3. ♥ BEUTE; ◗ KOMPLIZE; ▼ POLIZEI; ▮ VERHÖREN; ♦ TATORT; ● VERHAFTEN

Leseprofi von Duden – von Anfang an richtig

1. Klasse

Jeweils 48 Seiten, gebunden.

Zwei Pferdegeschichten in einem Band. 96 Seiten

- Das Geheimnis im Schuppen
  ISBN 978-3-7373-3468-6
- Ferien auf der Blaubeerinsel
  ISBN 978-3-7373-3472-3
- Eine Mumie geht zur Schule
  ISBN 978-3-7373-3447-1
- Ein Fohlen namens Schnuppe
  ISBN 978-3-7373-3470-9

2. Klasse

Jeweils 64 Seiten, gebunden.

- Diamantenklau im Hafen
  ISBN 978-3-7373-3471-6
- Eine Gruselnacht im Zelt
  ISBN 978-3-7373-3442-6
- Ein Schultag im alten Rom
  ISBN 978-3-7373-3467-9
- BMX und sonst nix!
  ISBN 978-3-7373-3374-0

Alle Duden Leseprofis finden Sie unter
www.duden-leseprofi.de

Das Lesezeichen ist dein Lösungsschlüssel für die Profifragen!

Für jede Antwort findest du ein Puzzleteil.

Wenn es zum Puzzle auf dem Lesezeichen passt, ist die Antwort richtig!